Fred Chesneau

ITALIE

Photos de Bernhard Winkelmann

CANAL+

MANGO

SCOTCH & SODA

Le Globe-Cooker en Italie

Les recettes d'un cuistot sans frontières

Globe-Cooker : le nom est lâché ! Ce faux anglicisme (*cooker* signifiant poêle en anglais) s'est naturellement imposé à moi pour résumer mon métier de cuisinier globe-trotter.

L'idée première est d'explorer un pays au travers de sa cuisine et surtout des gens qui la font. Pousser les portes d'un restaurant, m'inviter à la table du voisin, m'acoquiner avec la mama locale pour glaner des recettes, des tours de main, des associations, mais surtout prendre le temps de partager le quotidien de ces gens.

Dans ce livre, hommage est fait à l'Italie. Et je pèse mes mots en parlant d'hommage. Car que serait la cuisine française sans l'apport de nos cousins transalpins ? On oublie trop souvent que c'est Catherine de Médicis qui, fraîchement débarquée en France pour épouser Henri d'Orléans, a réussi à convertir, avec l'aide de ses cuisiniers, la cour de France aux mets les plus délicats et raffinés, à promouvoir la culture des desserts, reléguant ainsi les énormes viandes rôties et autres soupes roboratives au rang de cuisine moyenâgeuse.

Au travers de ce livre, rassurez-vous, loin de moi la prétention de vous dispenser un cours de cuisine historique ! Au contraire, je tiens à vous faire partager en toute simplicité mes recettes coups de cœur. Certes, plus ou moins revisitées par mes soins... Mais n'est-ce pas le propre de la cuisine italienne que de jouer la carte de la récup' et de l'adapter à ses envies ?

Buon appetito ! (Bon appétit !)

Fred Chesneau, le Globe-Cooker

Accordons nos violons !

Cuisiner italien est avant tout un état d'esprit : celui du partage, de la générosité, de la diversité, des couleurs, de l'esthétique et de la profusion... Faites don d'empathie et réveillez l'Italien(ne) qui sommeille en vous ! Voici quelques conseils qui vous mettront le pied à l'étrier...

Faites comme Marco Polo...

Bien que la plupart des ingrédients nécessaires à l'élaboration des plats italiens soient facilement accessibles pour nous autres Français, je vous recommande, à l'occasion, de partir en exploration dans une trattoria italienne (ou bien encore une simple épicerie grecque ou arménienne). Pour le plaisir des yeux, du nez, mais aussi pour dénicher des pignons de pin parfumés, de la divine mozzarella et de la charcuterie à tomber par terre...

Mettez-vous à l'heure italienne !

C'est le propre des pays méditerranéens : rien ne sert de s'exciter en cuisine. Il fait chaud, voire très chaud. Alors, on prend son temps et on profite. Ça tombe bien, la plupart des recettes italiennes se préparent à l'avance ou cuisent pendant des heures. Je sens que ça va en convertir plus d'un...

Passez votre vaisselle au crible...

Quitte à cuisiner italien, autant être raccord jusqu'au bout et adapter votre table à cette cuisine des plus chantantes. Remettez au goût du jour vos nappes à fleurs, votre service « Vallauris » des années 70. Manque plus que le chant des cigales...

Vespa

Vous êtes plus armé que vous ne le pensez…

À l'instar des ingrédients, pour ce qui est de la batterie de cuisine, nous sommes quasiment à armes égales avec notre pays cousin. Ceci dit, si vous n'en avez pas, investissez dans une cocotte : c'est le secret des cuissons lentes, propre à la gastronomie italienne… Pas d'état d'âme, ça vous sera utile pour le restant de votre vie. Et puis, j'allais oublier : un laminoir pour les pâtes… L'essayer, c'est l'adopter ! Certes un peu encombrant, mais je ne vous raconte pas la fierté que vous aurez à réaliser vous-même vos pâtes ou vos raviolis. Vous en tomberez littéralement accro, sans parler de vos enfants qui adoreront ce nouvel atelier de travaux manuels…

Prenez de la distance !

N'hésitez pas à vous réapproprier les recettes de cet ouvrage en faisant preuve de créativité : adaptez-les à vos goûts et vos envies. Allez-y sans complexe, car s'il y a bien un mot pour résumer la cuisine italienne, c'est indéniablement « instinct » !

Pour une fois, soyez monomaniaque…

Habituellement, je rejette en bloc l'idée du total look thaï ou indien, de l'entrée au dessert, et prône un tour du monde des saveurs : pourquoi ne pas prendre l'entrée à Bangkok, le plat de résistance à New Delhi et le dessert à Copenhague ? Cette fois, c'est l'exception qui confirme la règle tant cette cuisine italienne est diversifiée et contrastée. Tenez, si on se faisait la triplette gagnante : « Langoustines grillées au basilic (voir page 20) / Risotto crémeux au potiron (voir page 26) / Nougat glacé aux pignons (voir page 38) » ?

Kesako ?

Huile d'olive

Ce n'est pas l'Italie, mais l'Espagne, qui est le premier producteur de cette huile magique. Ne comptez pas sur moi pour vous dire quelle est la meilleure origine (la preuve : j'utilise ici de l'huile grecque) et prendre ainsi le risque de me fâcher avec mes amis du pourtour méditerranéen ! En revanche, je vous invite à vous procurer deux types d'huile d'olive : une basique, pour les cuissons, une autre, d'excellente qualité, pour vos salades.

Pâtes

Fresca ou secca, à chacun ses préférences pour la pasta ! Perso, je préfère les sèches pour leur goût prononcé et cette garantie de les déguster « al dente », fermes mais pas croquantes, mais aussi parce que les pâtes fraîches que j'achète dans le commerce me déçoivent systématiquement : pas de tenue, insipides au niveau du goût. Pour remédier à cela, faites-les vous-même ! (voir page 28)

Huile d'olive, mozzarella, tomates, pignons de pin... quasiment tous les ingrédients clés de la cuisine italienne nous sont familiers. Malgré tout, quelques petites précisions ne feront pas de mal...

Riz

Ne vous avisez pas de faire un risotto avec un riz long thaï ! C'est, au contraire, la rondeur du grain qui apportera le crémeux et l'onctuosité à votre plat. Deux types de riz : carneroli ou arborio. Ce dernier est désormais vendu dans tous les supermarchés.

Fruits et légumes

« Pas de bonne cuisine sans bons produits ! » C'est le leitmotiv de la cuisine italienne. Certes, notre pays est moins ensoleillé que l'Italie, mais il faut reconnaître que l'on est tout de même bien garni en fruits et légumes. Il suffit juste d'ouvrir l'œil et d'être top exigeant !

Herbes aromatiques

Thym, romarin, ciboulette, sauge, basilic, persil… pas de doute, on est en Italie ! Évitez à tout prix les herbes vendues au rayon des surgelés. Inodores et sans couleurs… un comble pour des herbes ! En revanche, n'hésitez pas à composer avec les herbes : à défaut de thym, le romarin fera l'affaire ; troquez le persil contre la coriandre ou la sauge contre l'origan.

Parmesan

Pas un plat de pâtes ou un risotto sans l'unique, le majestueux Parmigiano Reggiano. Toujours imité, jamais égalé. À ce titre, soyez vigilant lorsque vous l'achetez… Préférez-le entier et râpez-le vous-même : c'est sans comparaison avec le parmesan déjà râpé vendu dans les supermarchés, souvent à base de croûtes de fromage, et pas pour autant meilleur marché.

Pignons de pin

Attention, deux catégories se tirent la bourre dans nos supermarchés – les Chinois et les Méditerranéens. Une très grande différence de prix (les premiers étant deux à trois fois moins chers que les seconds) justifiée par une flagrante différence de goût.

Limoncello

La liqueur de citron typique du sud de l'Italie. Si ce n'est pas trop mon truc comme digestif, car trop sirupeux à mon goût, en revanche, c'est pour la cuisine, et notamment les desserts, qu'elle révèle tous ses talents. Panna cotta, baba, chantilly... tous les prétextes sont bons pour l'utiliser.

Recettes

Légumes du potager rôtis

Au pays roi des légumes, cette recette n'a pas bougé d'un iota depuis l'Empire romain. À cette époque, on racontait que ceux qui mangeaient du fenouil pouvaient accéder à deux mille ans de connaissances. À consommer donc sans modération...

Préparation : 15 minutes
Cuisson : 30 minutes

INGRÉDIENTS POUR 6 PERSONNES

- 2 branches de tomates cerises
- 2 courgettes
- 3 trévises (ou 6 sucrines)
- 6 artichauts poivrade
- 200 g de champignons de Paris
- 1 bulbe de fenouil
- 2 branches de céleri
- 3 gousses d'ail
- 5 branches de thym
- Le zeste de 1 citron jaune
- 10 cuillerées à soupe d'huile olive
- 1 cuillerée à café de fleur de sel
- Poivre du moulin

1. Préchauffez le four à 220 °C (th. 7-8).
2. Émincez les courgettes lavées mais non épluchées en tagliatelles à l'aide d'un économe-rasoir.
3. Enlevez la première enveloppe du fenouil puis émincez-le finement. Coupez les branches de céleri en gros tronçons.
4. Nettoyez les champignons. Ôtez le pied terreux. Rincez les artichauts et coupez la partie supérieure. Retirez les premières feuilles, puis à l'aide d'un petit couteau, tournez les artichauts pour supprimer la partie épaisse.
5. Coupez les trévises en quatre dans la hauteur. Pelez et hachez l'ail finement. Effeuillez le thym.
6. Répartissez tous les légumes sur la plaque du four. Saupoudrez d'ail haché, de thym et de zeste de citron. Arrosez d'huile d'olive puis ajoutez la fleur de sel et 8 tours de moulin à poivre.
7. Enfournez et laissez cuire 30 minutes jusqu'à ce que les légumes soient légèrement grillés sur le dessus.

ITALIE 14-15

Le petit plus *Déclinez ce plat à volonté au gré de vos envies et des saisons.*

Salade de fenouil à l'orange et à la grenade

C'est LA salade de votre prochain été ! Idéale pour accompagner grillades et brochettes au barbecue !

Préparation : 15 minutes
Sans cuisson

INGRÉDIENTS POUR 6 PERSONNES

- 3 bulbes de fenouil
- 4 oranges
- 1 grenade
- 2 cuillerées à soupe de vinaigre balsamique
- 3 cuillerées à soupe d'huile d'olive
- ½ cuillerée à café de fleur de sel
- Poivre du moulin

1. Enlevez la première enveloppe des bulbes de fenouil. Émincez-les finement.
2. Pelez les oranges à vif et prélevez les suprêmes (voir « Le petit plus »).
3. Coupez la grenade en deux et récupérez les graines.
4. Dans un saladier, mélangez le fenouil, les oranges et les graines de grenade.
5. Ajoutez l'huile d'olive, le vinaigre balsamique, la fleur de sel et 6 tours de moulin à poivre. Mélangez délicatement et servez.

ITALIE
16-17

Le petit plus *Pour prélever les suprêmes de l'orange (les quartiers de l'agrume dépourvus de leur enveloppe), prenez votre orange pelée à vif et incisez de chaque côté de l'interstice. Le suprême se dégage comme qui rigole…*

Tatin de tomates

Bousculez vos idées reçues et craquez pour ce trait d'union franco-italien !

Préparation : 40 minutes
Cuisson : 1 h 30 (les tomates), 45 minutes (la tatin)

Ingrédients pour 6 personnes

1 rouleau de pâte feuilletée	4 cuillerées à soupe d'huile d'olive
3 kg de tomates	50 g de sucre semoule
1 bouquet de basilic	½ cuillerée à café de fleur de sel
2 gousses d'ail	Poivre du moulin

1. Préchauffez le four à 120 °C (th. 4).
2. Pelez les tomates, coupez-les en deux dans la largeur et épépinez-les. Disposez-les sur la grille du four (côté bombé vers le haut) et faites-les sécher pendant 1 heure 30. Sortez les tomates du four et laissez-les refroidir.
3. Augmentez la température du four à 180 °C (th. 6).
4. Préparez un pesto : pelez et dégermez l'ail. Effeuillez le basilic. Dans un mortier, pilez l'ail et le basilic, puis ajoutez l'huile d'olive, la fleur de sel et 6 tours de moulin à poivre (à défaut d'un mortier, le mixeur fera l'affaire).
5. Dans une casserole, faites fondre le sucre semoule avec 4 cuillerées à soupe d'eau 5 minutes environ à feu vif, jusqu'à l'obtention d'un caramel doré.
6. Versez le caramel dans le fond d'un moule rond à bord haut. Disposez les tomates séchées dans le moule (côté bombé contre le fond), puis continuez en les superposant. Répartissez le pesto sur la dernière couche.
7. Recouvrez de pâte feuilletée en la calant bien sur les côtés du moule. Enfournez et laissez cuire 45 minutes.
8. Au moment de servir (mais pas avant), démoulez la tatin devant vos invités : effet de surprise garanti !

ITALIE 18-19

Le petit plus *Servez avec une roquette assaisonnée d'une vinaigrette italienne (voir page 22). Pour peler facilement les tomates, plongez-les 10 secondes dans l'eau bouillante.*

SCOTCH & SODA

Langoustines grillées au basilic

Simplissime et pourtant à tomber par terre ! Ça change de nos sempiternelles langoustines-mayo !

Préparation : 20 minutes
Cuisson : 6 minutes

INGRÉDIENTS POUR 6 PERSONNES

- 24 langoustines crues
- 1 bouquet de basilic
- Le zeste de 1 citron jaune
- 2 cuillerées à soupe de chapelure
- 150 g de beurre demi-sel
- Poivre du moulin

1. Dans une casserole, faites fondre le beurre à feu doux.
2. Ciselez finement les feuilles de basilic et incorporez-les au beurre.
3. Fendez les langoustines en deux dans la longueur et disposez-les sur la plaque du four. Répartissez le beurre de basilic sur le dessus puis parsemez de zeste de citron. Ajoutez 8 tours de moulin à poivre et saupoudrez le tout de chapelure.
4. Passez sous le gril du four pendant 6 minutes.

ITALIE
20-21

Le petit plus *Attendez que les résistances du gril soient rouge vif avant d'enfourner le plat.*

Dorades pesto rosso

Quand l'été s'invite à votre table en toute saison...

Préparation : 15 minutes
Cuisson : 15 minutes

Ingrédients pour 6 personnes

6 dorades de petite taille (300 à 400 g)
200 g de tomates séchées
1 gousse d'ail
1 bouquet de basilic
4 à 6 cuillerées à soupe d'huile d'olive
½ cuillerée à café de fleur de sel
Poivre du moulin

1. Préchauffez le four à 270 °C (th. 9).
2. Pelez et dégermez l'ail. Effeuillez le basilic.
3. Mixez ensemble les tomates séchées, l'ail et le basilic. Versez l'huile d'olive jusqu'à l'obtention d'une pâte. Ajoutez la fleur de sel et 8 tours de moulin à poivre : le pesto rosso est prêt.
4. Avec un couteau pointu, incisez les dorades en formant un quadrillage. À l'aide d'un pinceau, badigeonnez-les de pesto rosso en prenant soin de remplir les incisions.
5. Posez les dorades sur la plaque du four tapissée de papier sulfurisé. Enfournez et laissez cuire 15 minutes.
6. Servez ces dorades avec une simple salade d'herbes aromatiques : effeuillez ou ciselez toutes sortes d'herbes telles que coriandre, ciboulette, estragon, menthe, persil, cerfeuil, aneth... Assaisonnez cette salade pas comme les autres d'une vinaigrette 100 % italienne (1 cuillerée à soupe de miel, 1 cuillerée à soupe de vinaigre balsamique, le jus de 1 citron, 3 cuillerées à soupe d'huile d'olive, sel et poivre). C'est sublime !

ITALIE 22-23

Le petit plus *C'est la recette idéale pour vos barbecues d'été. Une fois que les braises se sont formées, coincez les dorades dans une grille amovible et faites-les griller 7 minutes de chaque côté.*

Mes bolognaises

Des bolognaises pour épater ses amis ? Eh bien oui, pour moi c'est le plat idéal entre copains, le dimanche midi : simple, convivial, pas cher et, surtout, tellement consensuel !

Préparation : 20 minutes
Cuisson : 1 h 30 (la sauce) + le temps de cuisson des pâtes

INGRÉDIENTS POUR 6 PERSONNES

600 g de spaghettis
80 g de parmesan
¼ de bouquet de persil haché
1 poignée de gros sel

Pour la sauce

600 g de steak haché
4 tomates épépinées et coupées en dés
1 carotte pelée et coupée en rondelles
1 branche de céleri grossièrement émincée
2 oignons rouges hachés
3 gousses d'ail hachées
1 bouquet de persil haché
1 bouquet garni
1 petite boîte de concentré de tomates
25 cl de vin rouge
5 cuillerées à soupe d'huile d'olive
Sel, poivre du moulin

1. Préparez la sauce : dans une cocotte, faites chauffer l'huile puis faites dorer les oignons 5 minutes à feu moyen. Faites revenir l'ail 30 secondes. Ajoutez le steak haché et faites-le revenir 5 minutes à feu vif en remuant régulièrement.

2. Incorporez le reste des ingrédients de la sauce et mélangez bien le tout. Portez à ébullition puis couvrez et laissez mijoter 1 heure 30 à feu doux.

3. À la fin de la cuisson, si la sauce vous paraît trop liquide, retirez le couvercle et laissez-la réduire jusqu'à la consistance idéale. Salez et poivrez.

4. Portez à ébullition un grand volume d'eau salée. Plongez les pâtes et faites-les cuire à feu vif le temps indiqué sur le paquet. Prélevez 2 louches d'eau de cuisson et égouttez les pâtes.

5. Dans un saladier, mélangez soigneusement les pâtes avec la moitié de la sauce et l'eau de cuisson réservée.

6. Répartissez les pâtes dans les assiettes et ajoutez 1 cuillerée à soupe de sauce sur le dessus. Parsemez de persil haché et de parmesan fraîchement râpé.

Risotto crémeux au potiron

Voilà un plat que je réserve à mes meilleurs amis... Non pas parce qu'il est compliqué à réaliser, mais c'est pour moi le plat généreux par excellence !

Préparation : 20 minutes
Cuisson : 45 minutes (le potiron), 20 minutes (le risotto)

INGRÉDIENTS POUR 6 PERSONNES

- ¼ de potiron (soit 1,5 kg) coupé en tranches
- 500 g de riz à risotto (arborio ou carneroli)
- 100 g de parmesan râpé
- 6 échalotes hachées
- 5 gousses d'ail hachées
- 1 cuillerée à soupe de romarin haché
- 2 cubes de bouillon de volaille
- 20 cl de vin blanc
- 80 g de beurre en morceaux
- 12 cuillerées à soupe d'huile d'olive
- ½ cuillerée à café de fleur de sel
- Sel, poivre du moulin

1. Préchauffez le four à 220 °C (th. 7-8). Disposez les tranches de potiron sur la plaque du four et éparpillez sur le dessus l'ail, le romarin et la fleur de sel. Arrosez avec 8 cuillerées à soupe d'huile. Enfournez pendant 45 minutes.
2. Mixez la moitié du potiron et réservez l'autre moitié.
3. Dans une casserole, portez à ébullition 2 litres d'eau avec les cubes de bouillon.
4. Dans une cocotte, faites chauffer le reste d'huile, puis faites dorer les échalotes 3 minutes à feu moyen. Ajoutez l'ail et laissez revenir le tout 2 minutes. Incorporez le riz et remuez 3 minutes environ jusqu'à ce qu'il devienne translucide.
5. Versez le vin dans la cocotte et laissez-le s'évaporer en continuant de remuer. Ajoutez 1 louche de bouillon chaud, puis la purée de potiron. Baissez l'intensité du feu de façon à avoir un léger frémissement. Ajoutez le bouillon, louche après louche, en veillant à ce qu'il soit complètement absorbé avant d'en rajouter.
6. Au bout de 20 minutes environ, lorsque le riz est *al dente*, c'est-à-dire ferme mais pas croquant, ôtez la casserole du feu. Ajoutez le beurre et le parmesan. Poivrez et salez. Servez accompagné des tranches de potiron rôties.

ITALIE 26-27

Le petit plus *Pour une version plus festive, surmontez chaque risotto d'une tranche de foie gras poêlé. Extase garantie !*

Raviolis aux asperges vertes et à la pancetta

Un grand merci à Marco Polo qui, en plus des pâtes, n'a pas oublié de rapporter également de Chine la recette des raviolis !

Préparation : 30 minutes + 30 minutes au réfrigérateur
Cuisson : 20 minutes (les asperges), 4 minutes (les raviolis)

INGRÉDIENTS POUR 6 PERSONNES

Pour la pâte à raviolis

350 g de farine de blé
350 g de semoule de blé dur fine
7 œufs
2 cuillerées à soupe d'huile d'olive
1 cuillerée à café de fleur de sel

Pour la farce

1 botte d'asperges vertes
6 tranches de pancetta hachées
2 gousses d'ail
250 g de ricotta
60 g de parmesan râpé
Le zeste de 1 citron jaune
1 cuillerée à soupe d'origan séché
4 cuillerées à soupe d'huile d'olive
Fleur de sel
Poivre du moulin

Pour la sauce

40 cl de crème liquide
Sel, poivre du moulin

1. Mettez tous les ingrédients de la pâte à raviolis dans le bol de votre robot et mixez 2 minutes jusqu'à ce que la pâte forme une boule et se détache des parois. Partagez-la en huit et enroulez chaque pâton dans du film alimentaire. Réservez 30 minutes au réfrigérateur.

2. Préchauffez le four à 240 °C (th. 8).

3. Pelez et hachez les gousses d'ail. Rincez les asperges puis disposez-les sur la plaque du four. Éparpillez sur le dessus l'ail, le zeste de citron et l'origan. Ajoutez un peu de fleur de sel et de poivre, puis arrosez d'huile. Enfournez et laissez griller 20 minutes.

4. Laissez tiédir les asperges puis coupez les pointes. Réservez-les. Mixez les tiges.

...

…

5. Dans un saladier, mélangez la purée d'asperges avec la pancetta, la ricotta et le parmesan. Salez et poivrez si besoin.

6. Réalisez les raviolis : farinez 1 pâton et abaissez-le sur le plan de travail à l'aide du rouleau. Passez-le au laminoir en commençant par le cran n° 1 (le plus écarté). Pliez-le en deux et repassez-le dans le laminoir. Passez-le dans le cran n° 3 puis dans le dernier (n° 6).

7. Posez la bande de pâte sur le plan de travail fariné. Renouvelez l'opération afin d'obtenir une seconde bande de pâte.

8. Sur la première bande, répartissez 6 petits tas de farce (de la grosseur d'1 bonne cuillerée à café). À l'aide d'un pinceau, humidifiez les contours de chaque tas. Recouvrez le tout de la seconde bande. Faites le vide d'air entre chaque tas. Avec un emporte-pièce, confectionnez les raviolis.

9. Recommencez l'opération avec les autres pâtons de façon à obtenir 24 raviolis au total. Réservez-les dans un plat recouvert de farine.

10. Plongez les raviolis dans une marmite d'eau bouillante salée et laissez-les cuire 4 minutes environ à petits bouillons. Égouttez-les.

11. Dans une casserole, portez la crème à ébullition. Salez et poivrez.

12. Placez 4 raviolis dans chaque assiette et nappez-les de crème bien chaude. Disposez 3 pointes d'asperges rôties et parsemez de parmesan râpé. À table !

Le petit plus *Customisez vos raviolis en fonction des saisons ! À l'automne, troquez l'asperge verte contre du potimarron et contre des fèves en hiver.*

Poulet à la mozzarella et à la pancetta

« Waouh ! » s'exclameront vos invités quand vous arriverez à table avec les assiettes dressées. Allez, il n'y a vraiment pas de mal à se la jouer « esbroufe » de temps à autre !

Préparation : 30 minutes
Cuisson : 40 minutes

INGRÉDIENTS POUR 6 PERSONNES

- 6 petits blancs de poulet
- 3 boules de mozzarella (en sachet dans tous les supermarchés)
- 6 très fines tranches de pancetta
- 1 œuf battu
- 2 branches de romarin haché
- 6 cuillerées à soupe de farine
- 6 cuillerées à soupe de chapelure
- 6 cuillerées à soupe d'huile d'olive
- Fleur de sel
- Sel, poivre du moulin

1. Préchauffez le four à 200 °C (th. 6-7).
2. Ouvrez chaque blanc de poulet en deux, sans séparer les deux parties. Prenez en sandwich le blanc ouvert entre deux morceaux de film alimentaire. À l'aide d'un maillet ou d'une bouteille, aplatissez-le jusqu'à obtenir une galette très fine.
3. Coupez la mozzarella en briquettes de 4 cm de long × 2 cm de large × 1 cm d'épaisseur (6 briquettes).
4. Saupoudrez chaque briquette de quelques cristaux de fleur de sel et d'1 tour de moulin à poivre. Passez-la dans le romarin haché et enveloppez-la d'1 tranche de pancetta. Posez le petit paquet au centre d'un blanc de poulet et refermez le tout comme une paupiette.
5. Sur votre plan de travail, disposez 3 assiettes contenant, l'une la farine avec 1 pincée de sel, l'autre l'œuf battu et la troisième la chapelure. Passez les blancs de poulet successivement dans chaque assiette.
6. À l'aide d'un pinceau, badigeonnez les paupiettes d'huile d'olive. Déposez-les dans un plat allant au four. Enfournez et laissez cuire 40 minutes.
7. Accompagnez ces paupiettes d'une salade d'herbes aromatiques (voir page 22).

ITALIE 32-33

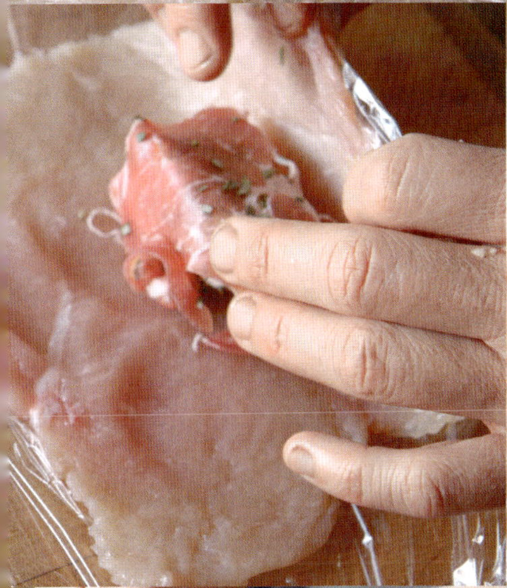

Cabillaud farci au fenouil, pignons de pin et lard fumé

Cette recette « terre-mer » toute simple réunit tous les plaisirs d'un joli plat d'été : la légèreté, une explosion de saveurs et de couleurs, sans oublier ce petit croustillant qui n'est pas pour vous déplaire.

Préparation : 20 minutes
Cuisson : 15 minutes

INGRÉDIENTS POUR 6 PERSONNES

- 6 pavés de cabillaud
- 12 très fines tranches de lard fumé
- 1 bulbe de fenouil
- 4 cuillerées à soupe de chapelure
- 2 gousses d'ail hachées
- 3 cuillerées à soupe de pignons de pin torréfiés (voir page 38)
- 6 branches de romarin haché
- 12 feuilles de sauge
- Le zeste de 1 citron jaune
- 6 cuillerées à soupe d'huile d'olive
- ½ cuillerée à café de fleur de sel
- Poivre du moulin

1. Préchauffez le four à 220 °C (th. 7-8).
2. Enlevez la première enveloppe du bulbe de fenouil. Hachez finement le reste.
3. Dans un saladier, mélangez le fenouil, l'ail, la chapelure, 3 cuillerées à soupe de romarin haché et les pignons. Ajoutez le zeste de citron, l'huile d'olive, la fleur de sel et 6 tours de moulin à poivre.
4. Coupez chaque pavé de poisson en deux dans l'épaisseur.
5. Sur la plaque du four recouverte de papier sulfurisé, disposez 2 tranches de lard côte à côte. Faites de même avec le reste des tranches : vous obtenez ainsi 6 paires. Sur chaque paire de tranche de lard, déposez 1 filet de poisson.
6. Tartinez les filets avec la moitié du mélange à base de fenouil. Recouvrez d'un second filet. Enveloppez avec les 2 tranches de lard placées en dessous.
7. Parsemez le dessus avec le reste du mélange à base de fenouil et les feuilles de sauge. Enfournez et laissez cuire 15 minutes.

ITALIE 34-35

Le petit plus *Accompagnez ce plat d'un simple écrasé de pommes de terre à l'ail confit : enfournez 16 gousses d'ail arrosées d'huile d'olive pendant 40 minutes à 180° (th.6). Faites cuire 1 kg de rattes pelées dans une casserole d'eau bouillante pendant 20 minutes. Écrasez-les et incorporez la pulpe d'ail. Salez et poivrez.*

Mon tiramisu

Rien de prétentieux à travers ce titre, je vous assure ! Loin de moi l'idée que « mon » tiramisu serait supérieur aux autres. Simplement, c'est mon préféré parmi les mille et une recettes existantes pour cet incontournable dessert.

Préparation : 20 minutes + 1 heure au réfrigérateur
Sans cuisson

Ingrédients pour 6 personnes

- 24 petits biscuits à la cuiller
- 250 g de mascarpone
- 4 jaunes d'œufs
- 6 cuillerées à soupe de crème de marsala (dans tous les supermarchés)
- 2 cuillerées à soupe d'extrait de vanille
- 4 à 6 tasses de café très serré
- 2 cuillerées à soupe de cacao en poudre non sucré
- 4 cuillerées à soupe de crème fraîche épaisse entière
- 150 g de sucre semoule

1. Dans un saladier, battez au fouet manuel le sucre et les jaunes d'œufs jusqu'à obtenir un mélange blanchâtre.
2. Dans un autre saladier, battez au fouet électrique la crème fraîche et le mascarpone. Quand l'ensemble est bien ferme, ajoutez le marsala et l'extrait de vanille et mélangez à l'aide d'une spatule. Incorporez ensuite les œufs blanchis.
3. Disposez une première couche de la préparation dans le fond des verrines.
4. Trempez les biscuits dans le café et recouvrez-en la crème.
5. Étalez une seconde couche de crème, puis de biscuits et finissez par la crème. Réservez au réfrigérateur pendant 1 heure minimum.
6. Au moment de servir, saupoudrez le dessus des verrines de cacao.

ITALIE 36-37

Le petit plus *Ce tiramisu est encore meilleur préparé la veille. En revanche, ne saupoudrez le cacao qu'au tout dernier moment.*

Nougat glacé aux pignons

C'est pour moi LE dessert magique ! À la fois facile, rapide, prêt longtemps à l'avance, adapté à toute saison… pour, au final, laisser vos invités totalement babas ! Croyez-en mon expérience.

Préparation : 20 minutes + 2 heures minimum au congélateur
Cuisson : 6 minutes (les pignons), 7 à 8 minutes (le caramel)

Ingrédients pour 6 personnes

- 250 g de pignons de pin
- 4 œufs
- 3 gousses de vanille
- 25 cl de crème fraîche épaisse entière
- Huile (pour la plaque)
- 250 g de sucre semoule
- Sel

1. Préchauffez le four à 180 °C (th. 6).
2. Répartissez les pignons sur une plaque et torréfiez-les 6 minutes environ jusqu'à ce qu'ils soient tout dorés.
3. Dans une poêle, préparez un caramel en faisant fondre 200 g de sucre avec 7 cuillerées à soupe d'eau 7 à 8 minutes à feu vif. Baissez le feu et ajoutez les pignons torréfiés. Mélangez le tout pendant 30 secondes pour que le caramel et les pignons se mêlent bien.
4. Versez cette préparation sur une plaque huilée (si elle n'est pas en silicone) et laissez refroidir 20 minutes.
5. Fendez les gousses de vanille dans la longueur et grattez l'intérieur pour en extraire les graines. Séparez les jaunes d'œufs des blancs. Dans un saladier, à l'aide d'un fouet manuel, fouettez les jaunes avec le sucre restant et les graines de vanille jusqu'à ce que le mélange blanchisse.
6. Dans un autre saladier, montez les blancs en neige avec 1 pincée de sel.

KitchenAid

...

7. Décollez le caramel aux pignons refroidi de la plaque. Hachez-le grossièrement sur une planche à l'aide d'un gros couteau.

8. Mélangez les morceaux de caramel aux jaunes d'œufs blanchis. Ajoutez la crème fraîche. À l'aide d'une spatule, incorporez délicatement les blancs en neige.

9. Versez la préparation dans un moule. Placez 2 heures minimum au congélateur.

10. Sortez le moule 10 minutes avant de servir afin que la préparation ramollisse.

11. Dressez 1 belle quenelle de nougat glacé dans chaque assiette. Prévoyez de la menthe en déco et des fruits rouges en accompagnement pour jouer la carte du contraste des acidités et de la couleur.

ITALIE
40-41

Le petit plus *Vous pouvez préparer ce dessert 15 jours à l'avance. Attention, sachant qu'on ne recongèle jamais un produit, s'il reste du nougat glacé, resservez vos amis (ce qui ne sera pas une torture, croyez-moi).*

Brochettes de fraises au romarin

Bousculez vos amis et osez la fraise rôtie !

Préparation : 20 minutes
Cuisson : 10 minutes

INGRÉDIENTS POUR 6 PERSONNES

36 grosses fraises
12 branches de romarin
2 cuillerées à soupe de limoncello
50 g de beurre
2 cuillerées à soupe de sucre semoule

Pour la crème d'accompagnement

Le zeste de 1 citron jaune
2 cuillerées à soupe de limoncello
125 g de mascarpone
20 cl de crème liquide entière
1 cuillerée à soupe de sucre semoule

1. Préchauffez le four sur la position gril.
2. Confectionnez les brochettes : effeuillez les branches de romarin en laissant un petit plumeau à l'extrémité.
3. Rincez rapidement les fraises, puis coupez la base pour leur donner une meilleure stabilité. Embrochez 3 fraises sur chaque branche de romarin en les piquant sur le côté.
4. Disposez les brochettes dans un plat allant au four. Faites une petite incision sur le sommet de chaque fraise et placez-y une pointe de beurre. Aspergez le tout de limoncello et saupoudrez de sucre.
5. Enfournez les brochettes pendant 10 minutes jusqu'à ce que le dessus des fraises soit légèrement brûlé.
6. Préparez la crème d'accompagnement : réunissez tous les ingrédients dans un saladier. Fouettez le tout afin d'obtenir un mélange ferme.
7. Servez les brochettes très chaudes accompagnées de crème au limoncello.

ITALIE 42-43

Le petit plus *Si vous ne trouvez pas de limoncello, le jus de ½ citron fera l'affaire.*

Belle-Hélène à la florentine

Un classique de notre enfance version déstructurée.

Préparation : 30 minutes + 1 h 30 au réfrigérateur
Cuisson : 20 minutes

INGRÉDIENTS POUR 6 PERSONNES

- 6 poires pas trop mûres (avec les queues, ce sera plus joli !)
- 18 petits florentins
- 100 g de chocolat noir à 70 % de cacao
- Le jus de 1 citron jaune
- 1 cuillerée à soupe bombée de mascarpone
- 40 cl de crème liquide très froide
- 100 g de sucre semoule + 1 cuillerée à soupe

1. Dans une casserole, portez à ébullition 1 litre d'eau avec le jus de citron et les 100 g de sucre.
2. Pelez les poires. Coupez-les en deux dans la hauteur. À l'aide d'une cuillère, retirez la partie centrale en creusant une cavité.
3. Plongez les poires dans le sirop bouillant, baissez le feu et faites mijoter 20 minutes. Laissez-les reposer dans le sirop pendant 10 minutes.
4. À l'aide d'une écumoire, retirez délicatement les poires de la casserole et laissez-les refroidir dans un plat.
5. Hachez grossièrement les florentins.
6. Dans un saladier, versez 30 cl de crème liquide, le mascarpone et la cuillerée à soupe restante de sucre. Fouettez le tout en chantilly. Réservez au frais pendant 1 h 30.
7. Juste avant de servir, faites fondre le chocolat cassé en morceaux dans une casserole au bain-marie. Hors du feu, ajoutez le reste de crème liquide et mélangez. Maintenez au chaud dans le bain-marie.
8. Incorporez délicatement les morceaux de florentins dans la chantilly.
9. Disposez 2 demi-poires par assiette et garnissez généreusement les cavités de chantilly aux florentins. Versez la sauce chocolat dessus par petites touches. Dégustez aussitôt.

ITALIE
44-45

Le petit plus *Pour une version très régressive, troquez les florentins contre du Crunch® et des Daim® !*

Panna cotta à la vanille et aux fruits rouges

Plus facile, pas possible ! Un conseil : ne divulguez pas cette recette à vos amis au risque de perdre beaucoup de panache, tant elle est simple et inratable…

Préparation : 15 minutes + 2 heures minimum au réfrigérateur
Cuisson : 5 minutes

Ingrédients pour 6 personnes

- Les graines de 3 gousses de vanille
- 3 feuilles de gélatine (2 g chacune)
- 50 cl de crème liquide entière
- 4 cuillerées à soupe de sucre semoule

1. Faites ramollir les feuilles de gélatine 10 minutes dans un bol d'eau froide.
2. Dans une casserole, portez la crème à ébullition avec le sucre et les graines de vanille.
3. Hors du feu, ajoutez les feuilles de gélatine essorées et mélangez au fouet pendant 30 secondes.
4. Versez la préparation dans des ramequins. Recouvrez de film alimentaire et réservez au frais pendant 2 heures minimum.
5. Au moment de servir, trempez le fond des ramequins dans de l'eau chaude pendant 10 secondes. Démoulez la panna cotta en retournant le ramequin sur l'assiette de présentation.
6. Accompagnez ce dessert de fruits rouges frais et d'un coulis de fruits rouges (mixez 200 g d'un mélange de fruits rouges surgelés avec 1 cuillerée à soupe de sucre glace et le jus de ½ orange).

ITALIE
46-47

Le petit plus *Variez les plaisirs en troquant la vanille contre 3 cuillerées à soupe de limoncello ou d'amaretto.*

Le bonus de Fred
Mon inratable barbecue

Adieu les crises de nerfs ! Basta les quintes de toux à trop vouloir faire prendre ce satané barbecue ! Facile, ludique, propre, écolo, et surtout IN-RA-TA-BLE, cette astuce vous transformera en véritable dompteur de feu. Messieurs, j'ai comme l'impression que vos femmes vont vous piquer la vedette sur cette tâche qui vous est habituellement chère…

1. Enroulez des feuilles de journaux sur elles-mêmes de manière à constituer des bandelettes. Enroulez celles-ci autour d'une bouteille vide. Conservez une bandelette.
2. Placez la bouteille au centre de votre barbecue et répartissez le charbon de bois jusqu'en haut de la dernière bandelette.
3. Retirez délicatement la bouteille en prenant soin de laisser en place les bandelettes.
4. Mettez le feu à la bandelette mise de côté et jetez-la dans le puits de papier.
5. Ne vous occupez plus de rien : le barbecue va prendre tout seul.
6. Vingt minutes plus tard, les braises sont prêtes.